LE TITRE DE MARQUIS DE FLERS

Tribunal de 1re Instance de la Seine (1re Chambre)

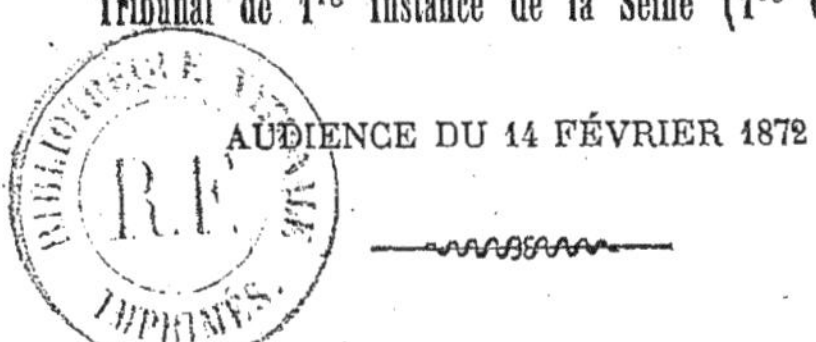

AUDIENCE DU 14 FÉVRIER 1872

PLAIDOIRIES DE Me ALLOU

POUR

M. le marquis de FLERS (Marie-Armand)

PARIS
IMPRIMERIE ADMINISTRATIVE ET DES CHEMINS DE FER DE PAUL DUPONT
RUE JEAN-JACQUES-ROUSSEAU, 41

1872

AVANT-PROPOS

Daus le différend engagé entre M. Camille de Flers et nous, au sujet d'un titre auquel nous prétendons tous deux, mais que, seul, nous avions fait légalement reconnaître, nous n'avons jamais usé l'un l'autre des mêmes procédés.

C'est par des insinuations et des critiques publiées par la voie de la presse que notre adversaire a commencé le débat.

Ainsi provoqué, nous avons cru devoir répondre par une action en justice. C'était le terrain naturel de la lutte, puisqu'il s'agissait de faire à nos situations respectives l'application des règles de droit consacrées par la jurisprudence.

Entre notre action et le jugement qui a statué, de graves événements se sont produits; une révolution est survenue, qui, sur beaucoup de points, a modifié l'ordre des idées.

On peut se demander notamment ce que sont devenues les lois et règlements en matière nobiliaire, et le Conseil du Sceau chargé de les appliquer?

Sous l'influence de ces changement, notre action n'a pas été admise, mais notre but essentiel était de défendre un titre qui nous a été transmis par nos ancêtres. Notre adversaire n'a pu contester notre droit à ce titre; le jugement le proclame en termes exprès.

Cela nous suffit, et ce résultat obtenu, nous n'avons pas cru devoir prolonger un débat judiciaire, dont la continuation, dans les circonstances présentes, nous a paru inopportune.

Mais, depuis le jugement intervenu, notre adversaire fait encore appel à la publicité. Après divers comptes rendus plus ou moins exacts, reproduits par les journaux, et évidemment destinés à exercer une pression sur l'opinion, il répand un imprimé qui reproduit les plaidoiries de son avocat, les conclusions du mninistère public et le jugement. Malgré notre peu de goût à occuper le public de nos querelles personnelles, nous ne voulons pas que l'opinion s'égare. Nous tenons surtout à ce que nos amis, et tous ceux dont l'estime nous est précieuse, ne se méprennent pas sur l'origine et les causes de ce débat, et qu'ils restent bien convaincus qu'en ce procès nous ne nous sommes jamais écarté de la loyauté qui est la règle de tous nos actes.

C'est à cette fin que nous nous décidons à publier un résumé de la remarquable plaidoirie de Me Allou. Ce sera notre seule réponse aux publications de M. Camille de Flers.

Les hommes de bonne foi et de bon sens apprécieront.

Marquis de Flers.

Paris, le 24 juin 1872.

TRIBUNAL CIVIL DE LA SEINE

PREMIÈRE CHAMBRE

Audience du mercredi 14 février 1872.

Me Allou. — Messieurs, je reconnais que le procès dont le Tribunal est saisi en ce moment ne vient pas précisément à son heure : il s'agit, en effet, dans la contestation engagée entre mon contradicteur et moi, d'une question de titre, mais le Tribunal verra tout à l'heure, d'une part, que ce n'est pas nous qui avons choisi le moment, la demande ayant été introduite à une époque déjà bien lointaine, et d'autre part, que le débat a un caractère véritablement tout particulier. Il n'y a pas ici de question de vanité ni d'amour propre engagée; les deux adversaires appartiennent incontestablement à la même famille. Ils ont eu longtemps des rapports affectueux, et nous avons le désir d'aborder cette contestation avec la plus parfaite convenance et la plus extrême courtoisie.

Entre les deux branches de la famille de Flers, la branche aînée et la branche cadette, à la suite de relations qui avaient le caractère d'intimité dont je parlais au Tribunal, à la suite de services d'une nature assez sérieuse rendus par la branche cadette à la branche aînée, il est arrivé, que des deux côtés, le titre de marquis a été porté par les représentants de l'une et l'autre branche, et il en est résulté, — c'est la cause du procès, — une confusion de la nature de celle qui pourrait résulter de cette circonstance que telle personne porterait le nom le plus vulgaire du monde sans avoir le droit de le porter, de manière à causer des embarras dans les relations de chaque jour.

Je ne sais si le Tribunal se souvient d'une affaire que j'ai plaidée devant lui, d'un procès intenté par le comte Odoard contre M. Odoard, marchand de tableaux; il n'y avait pas de confusion possible, mais le comte Odoard voulait savoir si le marchand de tableaux portait son nom d'une manière régulière, et le Tribunal ne trouvant pas dans l'acte de naissance du marchand de tableaux une filiation suffisante pour lui permettre de porter ce nom, donna satisfaction au comte Odoard.

La contestation n'est pas autre chose; ce n'est pas un de ces débats qui s'engagent entre les membres d'une même famille titrée, de grande race, ayant la prétention de déférer à la justice des actes d'usurpation et d'empiétement nobiliaires; mais la question de titre, qui n'est pas purement et simplement une question aristocratique, a créé certaines confusions, un certain embarras dans le milieu des deux parties, parmi leurs relations sociales, et le demandeur, que je représente, très-régulièrement autorisé à porter le titre de marquis, trouve qu'il est de son droit de demander compte à notre contradicteur d'une qualification qui, dans sa personne, n'est pas justifiée.

Les faits, — il faut le dire, — ont pris une certaine gravité de signification, à raison d'un débat qui s'est engagé devant le public et qui y a été porté par mon adversaire; de telle sorte que, si nous apparaissons avec le rôle de demandeur, la qualité d'agresseur appartient véritablement à notre contradicteur. Vous allez en avoir la preuve par quelques citations que j'emprunte au *Figaro* et qui remontent au mois d'août 1869.

Dans le numéro du 2 août 1869, le *Figaro* donnait, à titre de curiosité, une sorte de relevé des qualifications nobiliaires consenties par le second Empire.

Voici les termes de cet article :

« Outre les titres de noblesse créés par le second Empire, un certain « nombre d'autres avaient été octroyés par Napoléon Ier. Les intéressés, « soit indifférence, soit refus des gouvernements de la Restauration « et de Louis-Philippe, n'avaient pas obtenu la confirmation de leurs « titres.

« Nous donnons aujourd'hui la liste de ceux qui ont jugé à propos de « faire valider leurs qualités nobiliaires, — depuis 1852. »

Je lis les premiers noms pour que le Tribunal comprenne la portée de cet article :

« En 1852, Boulay de la Meurthe, (comte).

Casabianca, (comte).

Tascher de la Pagerie, (duc).

. . . .

. . . .

. . . .

. . . .

La Motte-Ango de Flers, (marquis). »

Le Tribunal comprend quelle était la portée de l'article, quelle était la signification de ce préambule qui précédait la mention de tous ces noms dont je viens d'indiquer quelques-uns. On avait déjà précédemment parlé des titres de noblesse créés par le second Empire et on parlait maintenant des titres de noblesse octroyés par Napoléon Ier et dont la régularisation avait été sollicitée du second Empire. C'était bien le cas de ceux qui figuraient en tête de la liste : Boulay de la Meurthe, Tascher de la Pagerie, etc, mais, on avait également fait figurer à la suite, le nom du marquis de Flers, auquel on attribuait ainsi un titre appartenant, par sa création, au premier Empire et par sa ratification au second.

Cet article était de nature à blesser la personne indiquée dans la mention que je viens de placer sous les yeux du Tribunal et, en conséquence, sans que les noms apparussent dans une correspondance qui aurait pu présenter quelque chose d'irritant, une lutte sans éclat et en quelque sorte souterraine s'engageait dans les numéros suivants du *Figaro*.

Voici ce que je lis dans le numéro du 27 août 1869 :

« Il y a quelques jours nous avons publié la liste des personnes qui jugè-
« rent à propos de faire valider leurs qualités nobiliaires depuis 1852. Un de
« nos amis nous fait observer que ce n'est point M. le Marquis Camille de
« Flers, chef de la famille de ce nom, qui crut devoir faire reconnaître son
« titre par le gouvernement impérial, mais un de ses cousins. »

C'est notre adversaire qui venait rectifier la mention que j'ai placée sous les yeux du Tribunal, mais il le faisait d'une manière incomplète et infidèle.

Il aurait pu se borner à constater que ce n'était pas de lui qu'on avait parlé, et, rappellant le passé lointain, glorieux de sa race, et aurait pu ajouter, car il le savait fort bien, que les membres de la famille de Flers n'avaient jamais eu à demander au second Empire la ratification de droits conférés par le premier, puisque leur noblesse avait une origine beaucoup plus ancienne. Notre adversaire n'eut pas cette loyauté; sa rectification laissa subsister le doute et permit de supposer que *son cousin*, celui dont on avait parlé, tirait réellement ses droits du premier et du second Empire, sans remonter au delà.

Cette rectification, contenant une inexactitude perfide et blessante pour M. le marquis Armand de Flers, demandait nécessairement quelques explications nouvelles dela part de ce dernier, et dans le numéro du 29 août, le *Figaro* inséra, sur sa demande, la mention que voici :

« M. le marquis Armand de Flers, cité sur la liste du *Figaro*, en date du « 23 août, a fait valider en 1862 des titres antérieurs à 1789. L'article « inséré dans le numéro du 25, laisserait croire qu'il ne s'agissait alors que « d'une simple reconnaissance de titres, tandis que cette démarche n'avait « d'autre but que d'établir les droits de son auteur à porter *seul* le titre de « marquis. »

La note était assurément fort discrète ; elle rétablissait les faits dans leur vérité, et indiquait nettement la situation légale sur laquelle l'attention du Tribunal est appelée : — son droit à porter seul, du chef de ses auteurs, le titre de Marquis.

Voici la réponse que fit M. Camille de Flers à la note précédente.

Numéro du *Figaro* du 10 septembre 1869 :

« On nous fait observer que la note communiquée au *Figaro* dans son « numéro du 29 août, concernant M. le marquis Armand de Flers, est « inexacte. M. le marquis Armand de Flers appartient à une branche cadette « de la famille de ce nom, et a été autorisé en 1862 à prendre le titre de « marquis que son grand'père portait vers 1780. Mais cette autorisation « n'infirme en rien les droits du marquis Camille de Flers, *chef de la « branche aînée de la famille*, en possession du titre de marquis de Flers « depuis deux siècles. Les actes de naissance, aveux de fiefs, contrats de « mariage, etc., conservés par M. le marquis Camille de Flers, établis- « sent que depuis 1635 le titre de marquis de Flers a été constamment « reconnu à ses auteurs. »

A la bonne heure ! voilà une prétention ; elle devait être l'objet d'un débat.

Pour clore l'incident, M. Armand de Flers fit insérer dans le *Figaro* la note que voici :

« M. le marquis Armand de Flers ne pense pas devoir continuer à occuper

« les lecteurs du *Figaro* d'une discussion de famille ; il ne répondra donc « pas à la dernière note le concernant dans le numéro du 10.

« Ce différend sera porté devant les juges compétents. »

J'avais raison de dire au Tribunal que le débat avait été amené par la situation faite à mon client par notre adversaire qui, dans le *Figaro*, parlait avec dédain de la branche cadette de la famille, et de son titre de marquis remontant à une époque assez voisine, opposant à cet éclat nouveau la situation triomphante de la branche aînée fière de son marquisat attesté par deux siècles de durée !

Il n'y avait plus à répondre, on ne pouvait plus entretenir le *Figaro* de ces débats, il fallait saisir la justice et, je le répète, dans la pensée de mon client, il ne s'agissait que de se dégager de la situation qui lui était faite par les articles précités, de faire juger quelle était la réalité des droits de chacun, et de faire cesser une confusion qui s'était trop souvent manifestée dans des circonstances pénibles ou regrettables.

Qu'on me permette de rappeler, avec toute la convenance possible, ce qui se passa en 1862, lorsque le père de M. Camille de Flers, appartenant à la Cour des comptes, était poursuivi, pour certaines correspondances avec des journaux étrangers. Ce procès avait un caractère politique, rien que politique. Il eut un grand retentissement..... Je relisais dernièrement le compte rendu de cette affaire, et je m'étonnais en constatant combien on peut juger différemment les affaires politiques, selon qu'on les voit dans le présent ou dans le passé!...

Quoi qu'il en soit, à l'époque où ce procès eut lieu, il fut bien pénible pour mon client de voir s'engager un débat ayant ce caractère, occupant le public du nom et du titre de marquis de Flers dans de telles conditions, et aboutissant à une condamnation à deux mois de prison, et à une amende d'une certaine importance.

Cette confusion s'est renouvelée sans cesse dans d'autres circonstances moins graves, mais encore fort sérieuses, où l'on a vu les démarches politiques ou non des uns, attribuées aux autres, et leurs correspondances, s'égarer ou se confondre.

M. Armand de Flers, dans un esprit de conciliation qu'il n'a cessé de montrer vis-à-vis de son cousin, proposait à M. Camille de Flers de faire toujours et d'un commun accord, suivre leur titre de leur prénom et de se nommer toujours, marquis Camille de Flers et marquis Armand de Flers, ce qui eût évité toute confusion et empêché le procès.

Notre adversaire s'y refusa.

Voilà, Messieurs, le point de départ du procès, voilà son inspiration ; c'est dans ces conditions qu'a été formée, le 7 novembre 1869, la demande ayant pour objet de faire défense à M. Camille de Flers de porter le titre de marquis qui ne lui appartient pas.

La question est de savoir, non pas si le titre de marquis appartient à mon client (cela ne peut pas être débattu), mais si M. Camille de Flers a le droit de porter le titre de marquis et si j'ai intérêt à ce qu'il lui soit fait défense de le porter.

Or, la situation de la famille, la voici :

En 1696, Jean Ange, seigneur de la Motte, époux de Marie de Lézeau, a été créé, par lettres patentes, marquis de la Motte-Lézeau.

Il a eu deux fils : Jean-Baptiste, son fils aîné, souche de la branche aînée qui s'est éteinte pendant la Révolution, et un second fils, Philippe-René de la Motte-Ango, qui a épousé la fille du comte de Flers. Le comté de Flers avait été érigé par lettres patentes en 1578.

La veuve de Philippe-René de la Motte-Ango a obtenu, au mois de juillet 1737, la dévolution du titre de comte de Flers, et l'érection des biens de la famille en comté de Flers au profit de son fils aîné.

C'est là qu'apparaît le point de départ de la branche aînée de la famille de Flers, au mois de juillet 1737.

Le fils aîné, Ange-Hyacinthe, a uniformément porté partout le titre de comte de Flers ; c'est le grand titre de la famille, le véritable titre de la branche aînée ; vous le verrez caractérisé dans un ensemble d'actes que je vous lirai, qui, pendant une période de cinquante années, nous montrent toujours Ange-Hyacinthe de la Motte-Ango portant exclusivement le titre de comte de Flers.

J'aurai à faire connaître comment, à une certaine époque, le marquisat de Messé a été fondu dans le comté de Flers, de manière à ne laisser subsister que le comté de Flers, aux termes des lettres patentes que je lirai, sans modifier le titre de *Comte de Flers* appartenant à la famille de la Motte-Ango, et seule et véritable qualification de la branche aînée de cette famille.

Ange-Hyacinthe de la Motte-Ango, comte de Flers, eut plusieurs enfants : l'un d'eux, Pierre-François de Paule devenu l'aîné par la mort de son frère, se qualifie marquis de Flers en 1777.

Ce marquis de Flers, fils du comte de Flers, était un assez triste personnage : nous avons des documents très-authentiques qui nous montrent l'existence singulière qu'il avait traversée. Il avait d'abord été destiné à l'épée, il avait renoncé à cette carrière était entré dans les ordres et avait prononcé ses vœux, puis, avec une mobilité qu'attestent ses résolutions, il avait jeté le froc aux orties et plaidé contre son père et sa mère, dans un procès scandaleux. J'ai là le mémoire qui a été fait à cette époque, et le tribunal verra avec quelle violence, quand il voulut s'affranchir de ses liens, il plaida en outrageant de la manière la plus cruelle son père et sa mère.
Il rentra dans le monde et se maria en 1777.

A l'époque de son mariage, il prit le titre de marquis de Flers que mon adversaire présente comme ayant été choisi avec l'agrément de son père. Vous verrez ce qu'il y avait d'agréable dans les rapports du père et du fils et comment il est possible de supposer que le comte de Flers se prêta à cette qualification qu'allait prendre son fils au moment de son mariage. Le Tribunal verra le consentement que, pour éviter les sommations, le comte consentit à donner au mariage de son fils, et cette pièce sera un document important et significatif au point de vue du débat dont le Tribunal est saisi.

Il est hors de doute, qu'antérieurement à cette date de 1777, vous ne rencontrerez nulle part le titre de marquis appartenant à la famille de Flers ; le titre de la branche aînée était le titre de comte; le droit à ce titre avait son point de départ dans les lettres patentes de 1737, c'était là une situation légale, juridique, dont il n'appartenait à personne de se dégager. Néanmoins dans cet acte de mariage de 1777, on vit le fils du comte de Flers se qualifier marquis de Flers.

L'usurpation se continua. Cela ne remonte pas comme le disait mon adversaire, dans le *Figaro*, à deux ou trois siècles, mais à l'année 1777. Puis après la Révolution, quand la Restauration arriva, la situation se reconstitua sur les errements du passé et le fils aîné de celui dont je viens de parler porta à son tour le titre de marquis, que nous voyons enfin passer sur la tête de l'adversaire en présence de qui nous sommes.

On le voit donc, le débat ne présente pas de grandes difficultés généalogiques; la question se borne à savoir si, alors que le comté de Flers avait été érigé d'une manière juridique et légale, il a été possible de voir le fils aîné du comte de Flers prendre le titre de marquis; s'il a pu, en prenant ce titre dans un certain nombre d'actes, en le faisant renouveler dans les actes de mariage de ses enfants, les faire profiter de l'usurpation et si ce titre peut être opposé à ceux qui ont intérêt à le combattre.

J'ai maintenant à établir la situation de la branche cadette, issue d'un frère puîné d'Ange-Hyacinthe de la Motte-Ango, comte de Flers, Louis-Paul de la Motte-Ango, aïeul de celui que je représente devant vous.

Louis-Paul de la Motte-Ango de Flers a été mestre de camp, brigadier des gardes du corps du roi (compagnie écossaise), il est devenu maréchal de camp, chevalier de Saint-Louis, etc.

Il avait épousé, en 1770, dame Marie-Thérèse Ligier de la Prade; le roi a signé à son contrat, sa femme a été présentée à la cour et c'est à cette époque que se place, d'après la tradition, et au su et au vu de toute la famille, la concession du titre de marquis à Louis-Paul de la Motte-Ango, à raison de services qu'il avait rendus.

Ce titre de marquis, il l'a toujours porté depuis.

En 1776, quand il est fait lieutenant de la compagnie écossaise, sur les pièces du contrôle, nous le voyons apparaître avec le titre de marquis, et le Tribunal sait avec quelle régularité ces contrôles étaient faits. Nous apportons donc une preuve équivalente au titre lui-même.

Dans l'Annuaire militaire que j'ai sous les yeux, nous le voyons porté chaque année de 1780 à 1789, sous le titre de marquis de Flers.

« Maréchaux de camp, 1780, 1er mars.

« Le marquis de Clermont d'Amboise.

« Le comte de Pracomtal.

« Le marquis de Grasse.

. . . .

« Le marquis de Flers. »

Nous avons le brevet de maréchal de camp donné au marquis de Flers et qui porte la qualité de marquis, de manière à équivaloir à la constitution d'un titre, si le titre n'avait pas été conféré antérieurement, comme l'établissent les documents que nous avons entre les mains.

Tout cela est bien autre chose que ces mentions dues à la facilité d'un tabellion ou d'un prêtre, lors de la rédaction des actes dans lesquels on voit le titre de marquis, attribué aux représentants de la branche aînée.

Le titre qui avait appartenu à Louis-Paul de la Motte-Ango a été transmis à Antoine-Guillaume-François de la Motte-Ango son fils, et après celui-ci, à son fils aîné, M. Marie-Armand de la Motte-Ango, marquis de Flers, que je représente.

En 1862, M. Armand de Flers a obtenu du Conseil du Sceau des Titres, la reconnaissance du titre de ses auteurs. C'est une régularisation de sa situation au point de vue actuel, mais cela n'infirme en rien, ni ses droits anciens, ni la qualité héréditaire de son titre. Ce titre n'appartient pas à la branche cadette, en raison de sa situation dans la famille ; il a une origine propre, spéciale, distincte ; c'est un titre conféré à l'un des ancêtres de mon client, à raison de ses services militaires, consacré, quant au fond, par une série d'actes authentiques, régularisé au point de vue de la forme, en 1862, et en conséquence, complétement inattaquable.

. . . .
. . . .
. . . .

Nous l'avons déjà dit, la branche aînée de la famille de la Motte-Ango, a pour titre principal, le titre de comte ; il faut le définir de façon à ne laisser aucun doute sur son origine ou sur sa valeur.

Voici les lettres patentes du Roi : « Union de terres et création et « érection en comté, sous la dénomination de la Comté de Flers, en « faveur de dame Antoinette de Pellevé, veuve du sieur Philippe-Réné « de la Motte-Ango et leurs enfants, du mois de juillet 1737 :

« Louis, par la grâce de Dieu, roi de France et de Navarre, à tous « présents et à venir, salut. Notre bien-aimée Antoinette de Pellevé, « veuve du sieur Philippe de la Motte-Ango, nous a fait représenter que « par le décès du sieur Louis-Hyacinthe de Pellevé, son frère, elle est « devenue propriétaire de la terre, seigneurie et baronnie de Flers, située « sous le baillage de Vire, siége particulier du baillage de Caen et « mouvance de nous, à cause de notre domaine de Vire ; que ladite terre « et baronnie fut érigée en l'année 1598, en titre et dignité de comté, en « faveur de Nicolas de Pellevé, trisaïeul de ladite dame exposante, le- « quel avait épousé Isabeau de Rohan, mais que l'enregistrement des « lettres d'érection ayant été négligé, ladite baronnie est restée dans son

« ancien et premier état, et que ladite exposante et son défunt mari, ré-
« solus de former un préciput pour l'aîné de leurs descendants, nous
« avaient fait demander la grâce d'ériger de nouveau, en titre de comté,
« ladite terre et baronnie de Flers, et d'y réunir les terres et baronnie
« de la Lande-Patry et de Larchant, qui se trouvent contiguës à celle de
« Flers, et qui sont échues, comme ladite baronnie de Flers, à l'expo-
« sante, par le décès de son frère, mais que le décès dudit sieur de la
« Motte-Ango étant arrivé, l'exposante a cru devoir suivre en son nom,
« l'exécution du dessein qu'ils avaient formé l'un et l'autre pour l'avantage
« de leur famille ; en sorte qu'elle nous a fait supplier de lui accorder
« nos lettres d'union desdites terres et baronnies de Flers, la Lande-
« Patry et Larchant, et d'érection en comté, sous la dénomination de
« comté de Flers.

« A ces causes, voulant donner à ladite dame exposante, et aux enfants
« issus de son mariage, les marques d'estime et de distinction que
« méritent deux familles qui réunissent aux avantages de la naissance et
« des alliances qu'elles ont contractées, la faveur des services qu'elles ont
« rendus à l'État dans les différents emplois dont elles ont été honorées :
« Nous avons par ces présentes, uni et incorporé . . . . à ladite
« terre, seigneurie et baronnie de Flers, la terre, seigneurie et baronnie
« de la Lande-Patry et Larchant, pour ne faire et composer à l'avenir
« qu'une seule et même terre ; laquelle nous . . . érigeons et élevons,
« en titre, nom, prééminence et dignité *de Comté* sous la dénomination de
« *Flers*, pour être à l'avenir possédée audit nom, titre et dignité, par la-
« dite dame exposante et par les enfants issus de son mariage avec le feu
« sieur de la Motte-Ango, et leurs descendants et postérité mâle, nés et à
« naître, en légitime mariage, seigneurs et propriétaires de ladite terre,
« seigneurie et comté : voulons et nous plaît, qu'ils puissent se dire et
« qualifier *Comtes de Flers*, en tous actes, tant en jugement que
« dehors, etc., etc. »

. . . .

. . . .

Ainsi cela est bien clair. Les lettres patentes royales, conformes à la demande, créent le *Comté* de Flers et l'établissent à nouveau, au profit des la Motte-Ango. Antérieurement, au profit des Pellevé, la situation n'avait pas été régularisée par défaut d'enregistrement.

Le point de départ du droit des la Motte-Ango est donc dans ces lettres-patentes de 1737 et pas au delà !

Que se passe-t-il en effet? Je l'ai déjà dit. L'aîné des enfants d'Antoinette de Pellevé, Ange-Hyacinthe, devient le chef de la famille. Il va prendre et porter durant cinquante ans le titre de « *Comte de Flers.* »

Voici une ordonnance et le jugement rendu le 15 février 1743, par d'Hozier, l'ancien juge général des armes de France, en faveur de Jean-Baptiste de la Motte-Ango, *Marquis de Lézeau*, et Ange-Hyacinthe de la Motte-Ango, *Comte de Flers*.

On signale des empiétements qui sont réprimés. Ainsi, au 5 février 1743, vous voyez que le titre de comte de Flers apparaît porté par le chef même de la famille.

Voici un document postérieur de peu de temps, c'est un extrait de mariage de la paroisse Saint-Sulpice du 10 juin 1744 :

« A été célébré le mariage de haut et puissant seigneur Ange-Hyacinthe
« de la Motte-Ango, comte de Flers, etc. ». . . . .

Ici le titre de comte apparaît encore comme le vrai titre du chef de la famille : il n'y a pas d'équivoque ni d'embarras.

Voici un acte de juin 1754 :

« Extrait du registre des actes de naissance de la Ville-l'Évêque de Paris.

« Le 12 juin 1754 a été baptisé un enfant mâle, né d'aujourd'hui, du
« mariage de messire Ange-Hyacinthe de la Motte-Ango, *comte* de Flers, etc.,
. . . .
« lequel a été nommé Louis-Charles, etc. »

. . . .

« 13 septembre 1756 », nouvel acte dans les mêmes termes :

« A été baptisé un enfant mâle, né d'aujourd'hui, du mariage de haut et « puissant seigneur messire Ange-Hyacinthe de la Motte-Ango, comte de « Flers. . . . .
« . . . . . lequel a été nommé Louis-Jean. »

Paroisse Saint-Eustache, 8 juin 1760. — Autre acte analogue :

« A été baptisé Ange-Joseph, né d'aujourd'hui, fils d'Ange-Hyacinthe de « la Motte-Ango, *comte de Flers.*

Voici un acte de décès de la paroisse Saint-Paul, du 29 septembre 1775. C'est celui de la comtesse de Flers, née de Chertemps du Seuil. Elle est qualifiée : « Épouse de haut et puissant seigneur Ange-Hyacinthe de la Motte-Ango, chevalier, comte de Flers, baron de Larchant, châtelain de la Lande-Patry, seigneur de Messé et autres lieux. »

En 1775, vous le voyez, la situation n'a pas changé.

Je me demande ce qu'on voulait dire, dans le *Figaro*, quand on parlait du titre de marquis, et comment il a été possible de faire sortir d'actes aussi énergiques autre chose que le droit, pour les représentants de la branche aînée, de porter le titre de comte de Flers.

A la date du 15 septembre 1777 figure le consentement dont j'ai parlé tout à l'heure, donné par le père de famille au mariage du fils qui va être l'usurpateur du titre de marquis.

Voici d'abord l'acte de dépôt, par le fils.

« Aujourd'hui, quinze septembre 1777 :

« Par-devant les conseillers du Roi, notaires au Mans, y demeurant, soussignés, fut présent haut et puissant seigneur Pierre-François de Paule de la Motte-Ango, chevalier, *marquis de Flers,* baron de Réaux, demeurant en cette ville, paroisse de la Couture, lequel nous a représenté un billet écrit d'un côté d'un carré de papier à lettre, signé Ango de Flers, par lequel il donne consentement au mariage d'entre mondit seigneur de Flers, son fils, et Jaqueline-Louise-Rosalie Le Goué de Richemont, demoiselle.

« Duquel il nous a requis le dépôt. » . . . .
. . . .

Suit la teneur de l'annexe :

« La loi authorisant les enfants à faire des sommations respectueuses à leurs pères et mères, lorsqu'ils veulent contracter mariage sans leur consentement, et le Sr Pierre-François de Paule Ango de Flers, mon fils aîné, voulant épouser la D[lle] Jacqueline-Louise-Rosalie Legoué de Richemont, mariage que moy, père, désapprouve totalement, voyant que toutes les représentations que je lui ai faites, n'avaient su le faire réfléchir sur cette démarche; au contraire qu'il y persiste et qu'il a envoyé une personne chargée de sa procuration, pour me faire faire les sommations que la loy prescrit pour pouvoir se marier, voulant lui éviter cette dernière confusion, je déclare ne former aucune opposition juridique, et en conséquence je le dispense de requérir par des sommations respectueuses, notre consentement, les regardant comme faites, sans que cela puisse nuire à ses droits ni lui en donner de nouveaux, donnant par le présent mon consentement forcé.

« A Flers, ce 7 septembre 1777.

« Signé : Ango, comte de Flers. »

Ainsi c'est à ce moment, sans que la légitimation de cette prétention se rencontre dans l'attitude du père de famille, c'est à ce moment, en déposant le consentement qu'il avait obtenu de son père, vous voyez dans quels termes et dans quelles conditions, que Pierre-François de Paule de la Motte-Ango prend le titre de marquis de Flers.

J'ai dit qu'à ce moment il s'est engagé une lutte entre le père et le fils.

Quand ce fils avait voulu s'affranchir des liens de la vie religieuse, il s'est engagé un procès fâcheux: Dans le mémoire publié pour le comte et la comtesse de Flers, ils ne sont pas désignés autrement que par ce titre, et leur fils est qualifié de sieur de Flers. . . . .

. . . .

. . . .

Je ne m'arrête pas sur un débat qui appartient à un autre âge, et qui n'a d'autre intérêt que de montrer quelle fut la moralité de celui que nous devons accuser de l'usurpation qui fait l'objet de ce procès.

Ainsi, nous avons vu dans la famille de la Motte-Ango, le chef de la branche aînée, comte de Flers, en vertu des lettres patentes royales, portant pendant toute sa vie ce titre qui est bien le sien, le titre réel, principal, de la maison, en raison de son origine, des apanages qui y sont attachés, de la solennité qui l'entoure. Nous avons vu d'autre part la branche cadette ayant le titre de marquis, non pas comme une conséquence de son association à la famille de Flers, mais en vertu d'une concession directe, octroyée par le roi, à l'officier distingué par de brillants services militaires, honoré par un poste important dans la maison du Roi. Nous avons vu enfin ce nouveau venu, ce fils du comte de Flers qui apparaît en 1777 avec le titre de marquis de Flers.

Maintenant vous allez voir qu'en plaçant en présence les représentants eux-mêmes des deux branches et consultant les actes les plus anciens, vous trouvez le titre de comte chez les adversaires et le titre de marquis chez ceux que je représente.

Nous avons dans les mains un acte de partage du 12 avril 1783, entre Ange-Hyacinthe et son frère, à raison de la succession d'un frère. Dans cet acte, le représentant de la branche aînée se qualifie comte de Flers, et le représentant de la branche cadette se qualifie *marquis*.

La situation légale prise à ce moment-là dans les actes est conforme à la position de chacun: la branche cadette ayant le titre de marquis de Flers par un droit spécial, et la famille de Flers représentant la branche aînée ayant le titre de comte de Flers.

L'acte du 12 avril a une grande signification ; celui du 9 octobre 1788 a une portée plus grande : c'est un acte de partage qui place en présence non-seulement les deux branches, mais encore les personnes. Le marquis de Flers, notre aïeul, et son neveu, ce fils aîné dont nous parlons !....

« L'an 1788, le 9 octobre, au château de Flers, avant midy, compte
« a été réglé et arrêté, à cause de la succession de feu M. le comte de Flers
« entre M. le marquis de Flers, seigneur de Villebadin, frère du dit seigneur
« comte de Flers, et Messire Pierre-François de Paule de la Motte Ango,
« seigneur comte de Flers, et héritier en sa partie du dit feu seigneur comte
« de Flers, stipulé et représenté par noble dame Jacqueline Rozalie Legoué
« de Richemont, *comtesse de Flers*, son épouse. . . . . »

Cet acte est signé parla dite dame : «De Richemont, *comtesse de Flers*.»

Que voulez-vous de plus énergique et de plus catégorique que cela ? Voilà en présence et face à face les représentants des deux branches, à une époque qui ne se perd pas dans la nuit des temps, qui ne peut consacrer un acte illégitime par la durée, en 1788, et l'on donne à la branche cadette le titre de *marquis*, et celui-là même qui usurpait en 1777 le titre de marquis, prend seulement dans l'acte le titre de *comte*. Ce n'est pas tout ; cette situation qui s'affirme par des actes authentiques et autres où les deux branches sont en présence ; cette situation était fixée depuis longtemps par les correspondances de famille.

Est-ce que ce n'est pas un point considérable de voir les membres de la famille de Flers adresser à l'auteur de la branche cadette des lettres comme celle-ci ; je lis l'adresse :

« A monsieur, monsieur le marquis de Flers, chef de brigade dans la
« compagnie de Noailles, à la cour. »

Qui est-ce qui écrit la lettre et la signe ? c'est le chef de la branche aînée, le comte de Flers.

Cette lettre est du 16 septembre 1770, et ce n'est pas seulement le frère qui écrit dans ces termes-là, ce sont les cousins, les parents, tous les membres de la famille. Toutes les lettres, par centaines, sont adressées à Monsieur, monsieur *le marquis de Flers*,

Il est donc bien établi par ces correspondances, qui remontent à plus de cent ans, que les membres de la famille de Flers reconnaissaient au chef de la branche cadette le titre de marquis et que la branche aînée ne réclamait pour elle que le titre de comte, et quand le chef de la branche aînée signe « comte de Flers » en s'adressant au chef de la branche cadette qu'il appelle « marquis de Flers, » je n'imagine rien de plus caractérisé que cette distinction entre la branche aînée et la branche cadette.

Eh bien ! ce que nous demandons, ce n'est pas autre chose que la consécration du passé, tel qu'il existait jusqu'au jour où leurs empiétements successifs amenèrent nos adversaires à porter ouvertement le titre de *marquis* de Flers.

Ainsi en septembre 1777, le fils du comte de Flers se fait appeler « marquis de Flers, » et depuis lors, cette prétention s'est continuée. Sur quoi peut-elle être fondée?.. Quelle peut en être l'origine?..

On nous dit que c'était un usage de laisser l'aîné de la famille prendre un titre plus sonore que celui du chef de famille. Le chef de famille portait, dit-on, le grand titre, et s'il y avait un marquisat flottant, le fils aîné avait le droit de s'en emparer.

Quelle put être la base de cet usage dans la branche aînée de Flers?...

Est-ce le marquisat de Messé ? Voici en quels termes nous le voyons apparaître au nombre des apanages du comte de Flers :

Au mois de mai 1754, lettres patentes de Louis XV intitulées : « Lettres « de réunion de la terre de Messei, ci-devant érigée en marquisat, au comté « de Flers, et distraction de mouvance, sous la dénomination de comté de « Flers, en faveur de messire Ange Hyacinthe de la Motte-Ango comte de « Flers. »

Et voici les lettres patentes :

« Nous avons par ces présentes, signées de notre main, joint, uni et « incorporé, et de notre grâce spéciale, pleine puissance et autorité royales, « joignons, unissons et incorporons audit comté de Flers la terre, sei- « gneurie et baronnie de Messei, circonstances et dépendances, ci-devant « érigée en marquisat, par lettres accordées au mois d'avril 1686 par notre « très-cher et très-honoré bisaïeul, de glorieuse mémoire, lesquelles nous « avons révoquées et révoquons en tant que de besoin par ces présentes, de « sorte que toutes lesdites terres ne fassent et composent à l'avenir qu'une « seule seigneurie et comté, sous la dénomination du comté de Flers, etc. »

En vérité, il est impossible de parler avec plus de netteté. Si c'est là que vous cherchez le point de départ du titre de marquis, ces lettres patentes sont sa mort. Elles rappellent qu'il a existé un marquisat de Messé, mais qu'il a été joint au comté de Flers, de manière à faire disparaître complétement la qualification primitive de marquisat : « De sorte que toutes lesdites terres ne « fassent et comprennent à l'avenir qu'une seule seigneurie et comté, sous « la dénomination de comté de Flers. »

Il est à peine utile d'ajouter, que même en admettant cette origine, le titre de marquis eût appartenu au comte de Flers lui-même, et l'on voit en effet qu'il lui fut quelquefois attribué courtoisement, en quelque sorte comme un reflet du passé, par des notaires, ou autres hommes d'affaires.

Dans tous les cas ce n'est pas là qu'il faut placer l'origine du titre de marquis du fils aîné du comte de Flers.

Y a-t-il eu une concession royale?... Vous même, vous ne pourriez y croire .... Vous êtes réduits à invoquer vos actes de courtoisie, vos appellations de famille. Un père qui laisse porter à son fils le titre de marquis.... Un usage consacré par la bienveillance de tous?.... Soit! mais ce n'est pas ainsi qu'on constitue un droit! . . . .
. . . .

Permettez-moi, Messieurs, par comparaison avec la situation de notre adversaire, de placer sous vos yeux quelques documents qui concernent Louis-Paul de la Motte-Augo, marquis de Flers, chef de notre branche :

Voici d'abord une lettre émanée des archives du ministère de la guerre :

« J'ai l'honneur de vous faire savoir « qu'un des contrôles de la Compa-
« gnie Écossaise des Gardes du Corps du Roi contient la mention sui-
« vante au folio relatif aux lieutenants de la Compagnie :

« Louis-Paul de la Motte-Ango, marquis de Flers. Ce contrôle a été
« établi vers 1776, et cette mention s'applique à M. Louis-Paul de la Motte-
» Ango de Flers, né en 1725 à Villebadin et nommé maréchal de camp
« en 1780. »

Voilà la première mention qu'on trouve sur les registres du ministère de la guerre, dans des contrôles faits avec une très-grande sévérité, de ce titre de marquis qui ne pouvait pas être une usurpation dans la carrière militaire que suivait avec tant de distinction Louis-Paul de la Motte-Ango.

J'ai parlé déjà des états militaires annuels par le sieur de Roussel, qui le portent, avec le titre de marquis, parmi les maréchaux de camp de 1780 à 1789.

Nous avons une série de lettres adressées à M. le marquis de Flers, à l'occasion de sa nomination au grade de maréchal de camp.

Une lettre du duc d'Ayen, commandant de la compagnie écossaise, dite de Noailles.

Une lettre du marquis de Monspey, colonel des gardes du corps.

Une lettre du prince de Montbarrey, secrétaire des commandements du Roi.

Ces lettres sont adressées à « M. le marquis de Flers, » brigadier lieutenant des gardes du Roi, rue de la Cerisaie, à Paris.

Voici la nomination de Louis-Paul de la Motte-Ango au grade de maréchal de camp sous les noms et titre de Louis-Paul de la Motte-Ango, marquis dé Flers.

Voici les états de service délivrés par les archives du ministère de la guerre.

Après le relevé des années de service, des grades mérités, des campagnes et des distinctions obtenues, se trouve la mention suivante :

« Cet officier est désigné sur les documents déposés aux archives avec « le titre de marquis, sans date. »

Il n'y a donc pas de doute; dans les états de services au ministère de la guerre, dans les rapports du maréchal de camp avec ses chefs, dans les communications qu'il peut avoir avec le dehors, partout il apparaît comme marquis de Flers.

En 1862, quand le marquis Armand de Flers a voulu faire régulariser sa situation, voici le décret qni a été rendu :

« Vu la requête présentée au nom de M. de la Motte-Ango de Flers (Marie-« Armand), propriétaire, né à Villebadin (Orné), le 20 septembre 1814, « demeurant à Bretteville-Saint-Laurent (Seine-Inférieure), tendant à obtenir « la confirmation du titre de marquis *ayant appartenu à ses ancêtres;*

« Vu l'avis émis par le Conseil du sceau des Titres;

« Sur le rapport de notre Garde des sceaux, ministre secrétaire d'État « au département de la Justice,

« Avons décrété et décrétons ce qui suit :

ARTICLE PREMIER.

Nous maintenons et confirmons en faveur de M. de la Motte-Ango de

Flers (Marie-Armand), le titre héréditaire de marquis . . . .
. . . .
. . . .
. . . .

Fait à Vichy, le 14 juillet 1862.

Signé : Napoléon.

Voilà une situation irrévocable, inattaquable !

Ai-je besoin d'examiner en droit la situation faite à chacun? . . . . .
. . . .

Le Tribunal connaît la jurisprudence, il connaît l'arrêt de la Cour de cassation dans l'affaire Marguerie.

Le Tribunal n'est pas compétent sur la prétention qu'on soulèverait devant lui, de revendiquer le titre de marquis, à raison de cette consécration du temps, de l'usage, de ces actes, de ces documents de famille, de la durée pendant laquelle cette usurpation se serait affirmée. Il n'y a pas possibilité pour vous de trancher cette question; elle ne pourrait être tranchée que si nos adversaires avaient suivi la marche que nous avons suivie, — et encore on leur aurait dit : « Vous n'êtes pas marquis. L'usurpation de 1777 ne « pourrait constituer un droit véritable, il n'y a pas dans la branche aînée « de marquis de Flers, restez comte de Flers, grand nom, titre véritable de « la famille, dont vous pouvez être fiers, mais laissez le titre de marquis à « ceux qui l'ont fait confirmer d'une manière régulière. »

Ne dites pas que notre confirmation est une création récente et nouvelle, le décret n'a fait que constater une situation antérieure qui avait appartenu aux ancêtres de M. Armand de Flers. Voilà dans quelles conditions la situation a été régularisée.

Je ne sais pas, Messieurs, comment vous pourriez répondre en reconnaissant que le titre de marquis appartient d'une manière régulière au représentant de la branche aînée, en présence de l'ensemble de faits que j'ai signalés. Je dis seulement : Je suis, moi, marquis de Flers, je l'établis par le décret de 1862. J'avais intérêt à engager la contestation. Prenez les choses sans pensées aristocratiques ; prenez les choses, si vous voulez, par le petit côté, en raison d'une confusion qui pourrait avoir quelque chose de pénible pour tous les deux. Mon droit, je le revendique ; j'ai montré son point de départ, qui n'est pas celui de la version du *Figaro*.

La question est de savoir si mon contradicteur a le droit de porter le titre de marquis ; il ne l'a pas, et ce n'est pas vous qui pouvez le lui donner.

Il ne peut y avoir aucun doute, aucune hésitation.

Voilà le procès, Messieurs, nous attendons avec confiance la décision du Tribunal.

RÉPLIQUE DE Me ALLOU.

Audience du 21 février 1872.

Me Allou. Messieurs, je m'étonne de l'âpreté qu'a apportée mon contradicteur à l'audience dernière, dans les explications qu'il a soumises au Tribunal. Il me semblait que j'avais abordé ce débat avec la plus grande modération dans mes expressions, toute la modération, toute la réserve que comportait une lutte engagée entre deux membres d'une même famille et pour un intérêt restreint dans les termes de celui qui s'agite devant vous.

Mon contradicteur n'en a pas jugé ainsi : il m'adresse des reproches qui m'ont été sensibles, en demandant comment nous avions pu, au nom de celui que je représente, rappeler le souvenir de ce débat de 1862, dans lequel avait pu se trouver compromis le père même de notre adversaire.

Cependant nos contradicteurs le savent bien : si nous avons pu parler de ce procès de 1862 comme ayant entraîné une confusion regrettable, c'était comme un témoignage de cette confusion elle-même ; mais il n'avait jamais pu entrer dans la pensée du défenseur, pas plus que dans la pensée du client dont il représente les intérêts, de chercher là un fait qui fût de nature à porter atteinte à l'honneur et à la considération de la famille. Ma pensée, à cet égard, avait été nettement produite devant le Tribunal, et je ne comprends pas qu'on ait oublié qu'à l'époque du procès de Flers, mon client avait à deux reprises différentes visité dans sa prison, le père de M. Camille de Flers, qu'il n'avait désavoué sa parenté par aucune lettre, par aucune note dans les journaux, et qu'il lui avait, au contraire, donné de nombreuses marques de sympathie.

Il faut laisser de côté tout cela ; ma pensée avait été comprise, et dans les observations que j'ai soumises au Tribunal, je me suis renfermé dans des termes d'une modération extrême ; j'ai pris soin d'éviter les récriminations et les personnalités qui ont tenu une si grande place dans la plaidoirie de mon contradicteur, et, si j'ai dit quelques mots du procès de 1862, c'est uniquement à cause de la confusion qui nous porte préjudice. Cette confusion n'est-elle pas continuelle ?

Les journaux donnaient, il y a quelque temps, les noms des invités du duc d'Aumale, et en voyant figurer parmi ces noms celui du marquis de Flers, on se demandait quel était le marquis de Flers qui se faisait présenter au duc d'Aumale?

. . . .

Non. Le procès n'est pas dans les récriminations contre le marquis de Flers ; il est dans la prétention de M. Camille de Flers, prétention que nous sommes bien hardis de discuter, quand la situation de celui que je représente serait, d'après vous, si mal assise !

Est-ce que c'est sérieusement que vous venez dire, comme dans le *Figaro*, que M. Armand de Flers a été fait marquis par Napoléon III ?

Comment ! parce qu'on est venu, conformément à la loi, demander à l'autorité administrative la confirmation, la reconnaissance d'un titre qui ne pouvait se produire qu'à la condition d'être reconnu, vous avez le droit de dire, d'insinuer tout au moins, que le titre de marquis de Flers, je le tiens de Napoléon III ?

Vous savez quelles pièces nous avons entre les mains. Il y a une époque où nous connaissons Louis-Paul de la Motte-Ango comme chevalier de Flers et, à une heure donnée, le titre de marquis apparaît.

Est-ce une usurpation? Comment! Quand la transformation est si rapide, est-ce qu'il n'a pas dû se passer un fait légal qui a transformé la qualification de chevalier en titre de marquis de Flers? L'évidence le dit. Dans cette correspondance à laquelle nous avons fait allusion, vous verrez que cette transformation est instantanée, et que ce sont nos adversaires qui, après avoir appelé Louis-Paul, hier, *chevalier de Flers,* l'appellent demain marquis de Flers. Est-ce là une usurpation? L'usurpation suppose l'usage, la durée, le temps écoulé, mais ici ce n'est pas cela. Je le répète, les documents que je soumets au Tribunal prouvent que celui qui était le chevalier de Flers hier, était marquis le lendemain. Il l'est, au point de vue de sa situation militaire, car, en 1776, il est nommé lieutenant dans la compagnie écossaise et il est porté sur le contrôle comme marquis de Flers.

Je dis que nous voyons dans nos relations de famille la qualité de chevalier de Flers, qui disparaît et est remplacée par le titre de marquis de Flers; quand nous avons, dans ces documents empruntés au ministère de la guerre, la preuve que celui qui était d'abord chevalier, apparaît ensuite comme marquis, nous devons rester convaincus qu'à l'époque de son mariage, il a été nommé marquis.

Vous me dites : Quelles sont les terres qui ont été érigées en marquisat? Il n'y a pas eu de marquisat, il n'y a eu que le titre de marquis conféré au chevalier de Flers; c'est une situation régulière consacrée par les états militaires, de manière à ne permettre aucun doute.

Et quand je rapporte la correspondance de ses chefs hiérarchiques, qui l'appellent *marquis de Flers,* les lettres du duc d'Ayen, du marquis de Monspey, du prince de Montbarey, est-ce qu'il y a un doute?

Et quand je rapporte cette nomination signée, quoi qu'on dise, de la main du Roi, ce brevet au nom du *marquis de Flers,* est-ce que ce n'est pas une preuve?

Et au mépris de ces illustres témoignages, vous avez osé écrire qu'il s'était fait marquiser par ses valets!

Ce n'est pas tout, dans le livre que voici, l'*État militaire de la France*, par de Roussel, puisque vous invoquez les titres héraldiques, est-ce que nous ne voyons pas le marquis de Flers remplaçant du jour au lendemain le chevalier de Flers ?

Je comprendrais l'usurpation, comme vous le dites, avec un laps de temps, avec certains empiétements qui sont consacrés par l'état civil, mais remarquez que du jour au lendemain la transformation se fait ; je ne comprends rien de plus décisif que cette transformation pour attester, malgré son absence de production, le titre originaire.

J'ajoute un mot, relativement au livre intitulé : *État militaire de la France,* c'est que ce livre a une autorité réelle, tant au Ministère de la Guerre, que dans les vérifications qui sont faites au Conseil du Sceau, pour arriver à constater la légitimité de certains titres. En voici la preuve que j'emprunte à une autre affaire, dont je demande la permission de ne pas indiquer le nom.

Voici un document officiel, adressé par le ministre de la guerre au garde des sceaux :

« Monsieur le ministre et cher collègue. . . . . . à l'occasion d'une demande introduite par M. de . . . . à l'effet « d'obtenir la confirmation du titre de Comte, votre Excellence m'a consulté sur le caractère et le mérite de la publication du sieur de Roussel, intitulée « *État militaire de la France ;* »

« Cette publication qui peut, à juste titre, être considérée comme l'idée fondamentale de l'*Annuaire militaire* actuel, n'avait pas le caractère officiel de celui-ci, mais elle était faite avec soin, d'après des renseignements communiqués officieusement au sieur Jacques de Roussel, dont les utiles travaux sur les anciens régiments sont encore journellement mis à profit au Ministère de la Guerre, et valurent à leur auteur une pension de 500 livres. »

. . . .

Notre adversaire est obligé de s'incliner devant une situation que nous avons fait régulariser en nous adressant au Conseil du Sceau des Titres. Nous avons obtenu un décret qui a confirmé notre droit, en suivant les errements indiqués par la loi elle-même, et quant nous nous présentons devant vous, nous avons une situation inattaquable pour mon contradicteur, devant laquelle il est obligé de s'incliner et qu'il faut qu'il subisse.

Il lui reste la consolation de dire : Vous avez été bien facilement reconnus : est-ce qu'il n'y aurait pas eu une certaine bonne volonté montrée par le gouvernement à cause du procès subi par le père de M. Camille de Flers devant la cour de Paris ? Est-ce qu'on n'aurait pas exploité cet antagonisme qui existait entre les deux branches ? Est-ce qu'on n'a pas pensé à profiter des embarras de la branche aînée ?

C'est là une accusation abominable que ne mérite pas mon client, et ma réponse est catégorique. La demande formée par M. Armand de Flers, mon client, pour arriver à faire régulariser son titre de marquis par l'examen des titres anciens, cette demande avait été formée antérieurement au procès de 1862.

Et si la solution est intervenue très-peu de temps après ce procès, il est incontestable qu'elle était en germe dans les bureaux du ministère de la justice.

La chancellerie a reconnu à M. Armand de Flers le titre de marquis, et je m'empresse d'ajouter qu'il n'y avait aucune pression à exercer, aucunes sollicitations à adresser à l'Administration supérieure, aucune intrigue à entreprendre pour faire reconnaître que M. Louis-Paul de Flers avait été nommé lieutenant dans la compagnie écossaise, puis maréchal de camp, avec le titre de marquis; que toutes les pièces officielles et authentiques lui donnaient, depuis lors, le titre de marquis, et qu'il n'y avait besoin de recourir à aucune influence pour faire reconnaître son droit en la personne de son petit-fils.

Mon adversaire dit : Vous compreniez si bien ce qu'il y avait de cruel à aller demander un décret à l'Empire, que vous n'avez pas fait inscrire ce décret au *Bulletin des Lois*. Mais l'insertion au *Bulletin des Lois* n'a jamais été exigée en matière de titre nobiliaire. Autrefois, on faisait enregistrer au greffe de la Cour les lettres nouvelles dans lesquelles une qualité ancienne était reconnue. Cela est tombé en désuétude, mais j'ajoute que l'insertion au *Bulletin des Lois* n'a jamais été pratiquée, et nous n'avions pas à y faire insérer le décret.

Voilà les conditions dans lesquelles nous nous sommes trouvés placés et dans lesquelles il a bien fallu nous adresser au Gouvernement, en dehors duquel nous n'aurions pas pu faire reconnaître notre titre.

Ce titre aujourd'hui nous appartient, il est en notre possession incontestable, il crée un droit que nos adversaires sont obligés de subir.

Quelle en est la conséquence? C'est que si j'ai intérêt à contester la prétention de mon adversaire, je puis saisir le Tribunal; ma demande tend à interdire le titre de marquis à mon adversaire qui n'a pas le droit de le porter. Mon intérêt vient de ce que ce titre qu'il prend indûment crée une confusion embarrassante, une complication désagréable. J'ai proposé un arbitrage, on n'en a pas voulu, pourquoi? Parce que de la part de M. Camille de Flers se disant marquis de Flers, on se réservait ce droit qui a été exposé dans le *Figaro* de réclamer ce titre comme une sorte d'attribut de la famille appartenant à la branche aînée, et vous verrez comment il a pu arriver une heure où notre adversaire a pris le titre de courtoisie qu'on donnait au fils aîné, pour en faire le titre de race, pour le substituer au titre de comte.

Nous verrons, tout à l'heure, cette singulière confusion qui a régné dans la plaidoirie de mon contradicteur. Ce que je prie le Tribunal de retenir au point de départ, c'est que le marquis de Flers, que je représente, est marquis de Flers légalement : on n'entend pas discuter sa qualité, on l'incrimine, mais si son droit est incontestable, il a le droit de se présenter devant vous pour faire cesser une confusion résultant d'un empiétement de la part de celui qui s'appelle le marquis de Flers.

Est-ce que le débat peut s'engager devant le Tribunal, dans les termes où il a été poursuivi par mon contradicteur? Je ne le pense pas. Il vous a fait juges de la question de savoir si un acte qui a été une concession de courtoisie, si le titre de marquis pris par l'aîné, si cette usurpation se manifestant en vertu de certains usages, ne pouvait pas, avec la possession, avec le temps écoulé, arriver à constituer un droit véritable?

Mon adversaire a fait confusion entre les questions de nom et les questions de titre : nous n'en sommes pas à constituer un état civil, à chercher dans une longue possession, dans l'usage entretenu par une série d'actes renouvelés d'intervalle en intervalle, le droit que pourrait avoir telle personne à porter tel nom ; il s'agit d'un titre : il n'y a de titre qu'en vertu d'un droit écrit.

On ne peut constituer un titre (nous ne parlons pas des noms) que par la voie spéciale que nous avons suivie quand la situation de M. Armand de Flers a été régularisée. Il n'est pas possible que vous puissiez être les juges de la question de savoir si, une usurpation remontant à cent ou deux cents ans peut conduire aujourd'hui à reconnaître, dans la personne de notre adversaire, le titre de marquis qui ne découle pas de lettres patentes certaines, régulières.

Vous avez parlé des affaires Falletans, Nettancourt, etc..... Dans toutes ces affaires, on ne s'est occupé que de la question de nom. La question de titre a été réservée, et il a été reconnu qu'elle n'appartenait pas aux Tribunaux ordinaires. Ce n'est pas une question, ce n'est pas discutable, cela ne peut pas être débattu devant le Tribunal. Le Tribunal ne peut être saisi de la question de savoir ce que peuvent valoir les prétentions que vous affichez, Si, dans le passé, le titre de courtoisie a pu être donné avec une certaine facilité, c'est à merveille ; que M. Camille de Flers demande à la chancellerie de reconnaître cette situation, nous serons devant une autorité compétente ; mais ce n'est pas vous, Messieurs, qui pouvez trancher cette question, et vous allez voir que l'arrêt de la Cour de cassation du 1er juin 1863 ne permet pas de doute à cet égard, vous allez voir comment il pose les vrais principes :

ARRÊT DE CASSATION

du 1er juin 1863.

CHAMBRE CIVILE. — PRÉSIDENCE DE M. TROPLONG,

SUR DES CONCLUSIONS CONFORMES DE M. DE RAYNAL, PREMIER AVOCAT GÉNÉRAL.

La Cour, sur les deux moyens : Vu les articles 57 et 99 du Code Napoléon, et le décret impérial du 8 janvier 1850 ; rendu pour l'exécution du statut du 1er mai 1808, et pour l'application du principe de droit public, qui attribue à l'Empereur seul le droit de conférer, reconnaître ou constituer les titres de noblesse ;

Attendu que l'article 57 du Code Napoléon, énumératif des énonciations substantielles que doivent contenir les actes de l'état civil, n'est pas, par ses termes, exclusif d'autres mentions complétives qui peuvent concourir à mieux constater l'identité des personnes, lorsqu'elles sont justifiées par une notoriété incontestable ;

Attendu, toutefois, que lorsqu'il s'agit d'un titre nobiliaire, la propriété doit en être établie par un titre régulier, et que, s'il manque cette condition, les demandes en rectification des actes de l'état civil qui ne la relatent pas, n'ayant en réalité pour objet que la reconnaissance ou la confirmation de ce titre par justice, les tribunaux de droit commun doivent s'abstenir d'en connaître, tant qu'il n'a pas été statué sur cette reconnaissance ou cette confirmation, conformément aux dispositions du décret du 8 janvier 1859;

Attendu que, dans l'espèce du pourvoi, il résulte du point de fait et des motifs de l'arrêt attaqué que de M. . . . . . . ne produisait, à l'appui de sa demande en rectification de son acte de naissance, afin d'y faire insérer le titre de marquis, entre les prénoms et le nom patronymique de son père, le général de M. . . . . . ., *aucun acte de collation ni de confirmation de ce titre en faveur de son père, de son aïeul, mais uniquement des papiers de famille et une articulation de faits de possession plus ou moins discutable ;* que cependant l'arrêt attaqué, au lieu de déclarer cette demande non recevable, y a fait droit en se fondant sur l'appréciation de ces faits et de ces pièces ;

Attendu que vainement la Cour de Metz a prétendu distinguer entre le droit et le fait, réservant au Conseil du Sceau des Titres de faire l'application des principes du droit aux circonstances de fait qu'elle aurait constatées ; que cette distinction n'empêche pas qu'elle n'ait, en réalité, reconnu et confirmé, en la personne du père du défendeur, le titre de *marquis, dont la propriété n'était pas reconnue d'une manière légale* et qu'il n'avait pas pris, non-seulement dans l'acte de naissance de son fils, défendeur au pourvoi, mais encore dans d'autres actes relatifs à l'état civil de sa famille ;

Attendu *que la Cour de Metz a ainsi à la fois faussement appliqué les articles 57 et 99 du Code Napoléon, et violé le décret impérial du 8 janvier 1859 ;* — Casse...

Il est impossible de voir poser en droit par une autorité plus haute, des principes plus catégoriques sur cette question ! Les tribunaux de droit commun ne peuvent connaître de la propriété d'un titre.

Si nous nous trouvions en présence de lettres patentes constituant le titre de marquis, de manière à ce qu'il n'y ait pas de doute, le Tribunal statuerait, parce qu'il se trouverait en présence d'un droit acquis ; il n'y aurait pas à procéder à cette investigation à laquelle se livrait mon contradicteur.

Mais quand on vient, comme dans l'affaire actuelle, vous demander d'entrer dans cette voie, que la Cour de cassation interdit à la justice de droit commun : l'examen des papiers de famille, l'examen d'une situation qui constituerait le droit à un titre, et non le droit à un nom, vous êtes incompétents !

On doit se pourvoir devant une autre juridiction, devant le Conseil du Sceau des Titres ; on doit produire des documents, on doit faire des preuves qui rentrent dans la compétence de cette juridiction, mais on ne peut pas venir vous soumettre une question que la Cour de cassation a déclaré que vous ne pouviez pas juger.

L'observation est catégorique ; mais mon adversaire dit : Il y a incompétence pour tout le monde, il n'est pas possible que le Tribunal soit incompétent pour connaître de mon titre de marquis et qu'il soit compétent pour connaître d'une demande qui tend à m'interdire de porter ce titre.

Vous vous méprenez : la seule question, au point de vue de la compétence, c'est la question de savoir si, ayant été lésé par un fait qui n'est pas régulier, par une usurpation, j'ai le droit de demander au Tribunal de me donner réparation. Je ne puis pas aller devant le Conseil du Sceau des Titres, pour lui demander de vous faire défense de prendre le titre de marquis ; on me dirait : « Adressez-vous aux juges du droit commun, c'est au « tribunal du droit commun que vous devez demander réparation du préju- « dice qui vous est causé, aux termes de l'article 1382 du Code civil. »
Ainsi, le Tribunal est compétent pour connaître de ma demande, et il ne l'est pas pour connaître de la vôtre. Je saisis le Tribunal d'une demande qui lui appartient régulièrement, et vous répondez par la prétention de faire juger une question pour laquelle le Tribunal est incompétent.

Savez-vous comment cela aurait pu se concilier? D'une manière très-simple : Vous auriez pu prendre devant le Tribunal des conclusions, à fin de sursis, en demandant qu'il ne statuât que quand vous auriez fait régulariser votre position. Vous vous en êtes bien gardés et vous voulez faire juger par le Tribunal une question dont il ne peut connaître. Vous dites : Il y a un laps de temps, il y a des actes à examiner, il y a certaines lettres, certains documents ; mais alors déférez donc tout cela à ceux qui peuvent en connaître !

Quand la Cour de cassation, dans l'arrêt cité plus haut, dit que ces possessions de titres en vertu du décret de 1859, ne peuvent vous appartenir, Messieurs, qu'il faut renvoyer ces questions au Conseil du Sceau des Titres, il n'est pas possible que vous décidiez que par un droit tiré de la famille des Pellevé, le descendant du comte de Flers puisse se dire le marquis Camille de Flers.

Si mon adversaire se défendait en disant : Il est cruel de me condamner quand j'ai des documents qui pourraient déterminer la conviction de ceux qui sont les juges de cette question-là, je comprendrais qu'il ajoutât : Donnez-moi un délai pour régulariser ma situation. Mais il ne le fait pas et vous êtes en présence de ma demande dont vous êtes régulièrement saisis.

Je supporte un préjudice, parce que celui qui s'appelle marquis de Flers n'est pas marquis de Flers, quand je le suis. Vous ferez remonter mon titre à soixante ans si vous voulez, mais j'ai mon titre et, vous aurez beau dire, j'ai un droit incontestable. Si vous me portez un préjudice, j'ai le droit de saisir la justice du droit commun pour lui demander de faire défense à celui qui prend sans droit le titre de marquis qui m'appartient, de causer une confusion dont je souffre, de porter irrégulièrement le titre de marquis.

Qu'est-ce que votre prétention d'établir, qu'en vertu de certains usages, de certaines traditions dans les grandes familles, quand on avait un marquisat, on donnait le titre de marquis au fils aîné, même quand le chef de la famille était comte ?

Ainsi, le fils aîné était l'héritier du titre de comte de Flers, mais comme il y avait une foule de marquisats, dans la famille, on disait : le marquis de Flers au lieu de dire le marquis de Pellevé.

Eh bien, si tout cela est vrai, si ces prétentions sont exactes, elles condamnent mon adversaire, dans les termes où le débat s'est engagé ; s'il ne porte pas, en vertu d'un acte régulier, le titre de marquis, s'il ne peut le conquérir que par les deux cents ans qu'il invoque, vous êtes incompétents et vous ne pourriez vous arrêter que devant un titre de marquis; il ne l'a pas, vous êtes incompétents!...

Ma preuve est faite, je me trouve en présence d'un adversaire qui n'a pas le titre de marquis, et je l'ai d'une manière incontestable. Si je suis marquis de Flers, s'il ne l'est pas, s'il ne peut pas faire la preuve de son droit, je dois recevoir satisfaction, et vous devez, Messieurs, lui défendre de porter le titre de marquis, parce qu'il ne l'a pas; s'il peut se le faire déférer par qui de droit, en vertu de ces souvenirs lointains qu'il invoque, à la bonne heure! mais tant qu'il ne demande pas à le faire et que vous êtes saisis d'une demande régulière dans les termes de notre exploit introductif d'instance, il n'y a pas de doute, et nous sommes sûrs de rencontrer ici complète satisfaction.

Maintenant, je prends la théorie de mon contradicteur, en fait et en droit.

Mon adversaire dit : Sans doute le titre principal de la famille, du chef de la race, est le titre de comte de Flers, mais il y avait des marquisats dans la famille et l'on a suivi l'usage qui s'est établi dans d'autres, de prendre le titre de marquis, quoique le titre ne reposât pas sur le chef de famille. Le chef de famille était comte de Flers, le fils aîné prenait le titre de marquis, en rattachant un titre vague et flottant au nom patronymique lui-même.

Le père de famille, le chef de la famille n'était que comte de Flers, son fils était marquis, les rôles étaient intervertis, renversés. Il était marquis et mon adversaire cite les exemples des marquis de Grignan, de Bussy-Rabutin, de Castellane, etc.

Mon adversaire se méprend, il confond ce qui peut être, dans le laisser-aller des habitudes féodales, un titre de simple courtoisie, avec ce qui doit être un titre véritable.

J'admets les exemples qu'il invoque, mais ces appellations n'ont été que viagères, elles ne se sont jamais transformées de manière à constituer un droit véritable, transmissible de mâle en mâle, alors surtout que l'appellation de courtoisie se trouve entrer en lutte avec le titre véritable; les lettres patentes ayant érigé en comté la terre de Flers.

Voilà ce que mon adversaire n'a pas compris! Cela est si vrai que ce titre de marquis disparaissait dès que le fils aîné devenait le chef de la famille; il devenait comte de Flers! Est-ce qu'il n'est pas évident qu'il n'y avait pas là un droit transmissible, mais un titre de courtoisie que l'usage consacrait, sans constituer, de mâle en mâle, un droit véritable! Et pourtant, à une certaine heure, ce qui n'était qu'un titre de courtoisie est devenu un titre transmissible et constituant le droit du chef de famille; voilà ce que vous avez fait!

N'est-il pas étrange de voir mon adversaire établir que les comtes de Flers avaient, dans la première période de deux cents ans, l'usage de donner à leur fils aîné le titre de marquis de Pellevé, pour arriver à soutenir qu'il a le droit, comme héritier de son père, de prendre le titre de *marquis de Flers.*

Si vos exemples ont une autorité quelconque, c'est à la condition de les reproduire dans votre intérêt même et à votre profit. Comment! parce que, dans un passé lointain, par une espèce d'usage, le fils aîné était habitué à prendre le titre de marquis, à condition que, lorsque le père venait à mourir, son fils aîné, le marquis, le remplaçait en prenant le titre de *comte de Flers,* il en résultera que vous avez eu le droit de prendre le titre de marquis comme titre primitif et principal de la race, de manière à le substituer au titre de comte qui disparaît et à en faire le titre véritable de la famille pour le transmettre de mâle en mâle par ordre de primogéniture!!!

Il n'y a pas d'analogie entre les exemples que vous avez cités et votre situation.

Est-ce à votre fils aîné que nous disputons le droit de prendre le titre de marquis? Si le cas se présentait, je ne sais pas ce que nous dirions, mais il ne se présente pas, vous ne pouvez transmettre que le titre de comte, c'est là la question, c'est là qu'est l'usurpation. Il ne s'agit pas d'un titre de courtoisie, d'un titre de tolérance, il s'agit d'une usurpation par laquelle, à une heure donnée, celui qui était comte, en vertu des lettres patentes de 1737, celui qui était comte de Flers, comme représentant la branche aînée, a cessé d'être comte de Flers, pour devenir marquis de Flers; ainsi faisant, il détruirait son titre patrimonial, il lacérerait les lettres patentes royales, et mon adversaire trouve que cela est tout simple, qu'il n'a fait que ce qui se faisait dans le passé; le chef de famille a remplacé le titre de comte par le titre de marquis. Et cette usurpation ne serait pas de nature à légitimer notre demande!...

C'est là le premier aspect de la question.

Il en est un second; ici je serre de plus près les objections de mon contradicteur.

Il nous dit : « Les Pellevé, pendant deux siècles, nous montrent le comte « de Flers sur qui repose le comté de Flers, et déjà dans la famille par une « concession de courtoisie, le fils aîné est marquis de Flers. »

Antoinette Jourdaine de Pellevé s'est trouvée aux droits de la famille de Flers, et mon adversaire a la prétention, sans solution de continuité, de rattacher tout ce qui le touche à la situation d'Antoinette de Pellevé.

Si vous trouvez dans les deux cents ans antérieurs à 1777 que dans la famille des Pellevé le chef de la famille était comte de Flers, et le fils aîné marquis de Flers, je vous dirai que c'est un exemple de plus à ajouter aux exemples des Grignan, des Bussy-Rabutin et autres; mais mon adversaire poursuit bien autre chose, il a la prétention de se rattacher aux droits des Pellevé pour dire : « Nous n'avons fait, dans la branche aînée, que continuer les traditions que « nous avions recueillies dans la famille Pellevé elle-même. »

Cela n'est pas discutable! Vous avez dit qu'on pourrait élever quelques contestations; mais il y a une ligne de démarcation infranchissable. Quelle était la situation d'Antoinette de Pellevé en 1737? Quand sa famille était éteinte, elle avait demandé au roi d'ériger en comté les terres de Flers, et le roi y avait consenti. Sur lettres patentes intervenues en juillet 1737, et enregistrées au parlement de Rouen, le 4 février 1738, la veille de la mort d'Antoinette de Pellevé, elle a pu savoir que le roi avait accordé ce qu'elle avait demandé !

Mais c'est là votre point de départ, vous n'avez pas le droit de remonter en arrière ; d'après ce principe qui domine tout :

En matière nobiliaire, nul ne peut, de plein droit, hériter par les femmes.

Et c'est si vrai, que si les lettres patentes n'eussent pas été signées, Ange-Hyacinthe de la Motte-Ango fût resté simplement héritier des terres et seigneuries de Flers, et ne serait jamais devenu *comte de Flers*. Il est donc comte de Flers en vertu d'un droit absolument nouveau, qui date des lettres patentes de 1737.

Il n'y a rien à répondre à cela ! . . . .

A partir de ce moment, quand allons-nous voir apparaître chez les la Motte-Ango le titre de marquis ? En fait, nos adversaires rapportent un document isolé de 1750, où nous voyons que le premier fils d'Ange-Hyacinthe de la Motte-Ango, Antoine-François de la Motte-Ango, fait ses preuves pour l'ordre de Malte et apparaît avec le titre de marquis de Flers.

Je n'attache pas grande importance à ce document que mon adversaire applique à François de Paule ; il concerne un enfant mort à six ans et qui était le fils aîné. François de Paule n'a pas pris ce titre, et, depuis 1750 jusqu'en 1777, il n'existe aucun document sérieux dans lequel on trouve soit François de Paule, soit le fils aîné portant le titre de marquis. Cette appellation dans les preuves pour l'ordre de Malte en 1750 ne se renouvelle qu'en 1777, où François de Paule prend le titre de *marquis* dans une période très-restreinte. Ne parlons pas des Pellevé qui n'ont rien à faire ici, l'usurpation du titre de marquis date de 1777, cela ne se perd pas dans la nuit des temps. Voilà le fait !

Maintenant, laissant de côté le titre de courtoisie, mon adversaire développe une autre théorie : Ce n'est pas absolument un droit, c'est un usage consacré, il y avait des marquisats dans la famille, et le fils aîné du comte de Flers pouvait en tirer le droit de prendre le titre de marquis!

Avant tout, est-il vrai qu'il y eut tant de marquisats entre lesquels on pùt choisir, de manière à pouvoir en prendre le titre pour le rattacher au nom patronymique? Mon adversaire dit : Il y en avait quatre : deux dans la famille Pellevé, le marquisat de Caligny et le marquisat de Boury. Mais que nous parlez-vous des Pellevé; je l'ai déjà démontré, il y a solution de continuité entre vous et les Pellevé ; que parlez-vous des deux marquisats de la famille Pellevé ; vous ne les avez jamais possédés et vous ne pouvez pas en prendre le titre.

Il y en a un autre qu'il faut écarter, c'est le marquisat de Lézeau, il ne vous est arrivé, vous l'avez dit, qu'en 1803. C'est en 1803 que vos droits se sont ouverts, c'est trop tard.

Le droit des Pellevé est trop lointain, celui-ci est trop récent.

Que vous reste-t-il? Est-ce le marquisat de Messé? — Mais vous connaissez les lettres patentes de 1754, les conditions de sa réunion au comté de Flers, *sous l'unique dénomination de comté de Flers?...*

Et vous trouvez tout simple que, par des empiétements nouveaux, on aille prendre le titre de marquis, parce que le fils aîné l'aurait porté avec le nom patronymique? C'est une prétention étrange de faire ainsi marcher de front le droit qui pourrait appartenir au chef de la race, en vertu de son titre et un droit secondaire accessoire par l'aîné, droit qu'on irait emprunter à un marquisat qui n'a plus d'existence, qui a disparu.

Mon adversaire dit : Il n'a pas disparu, il y a des actes notariés dans lesquels nous voyons que le comte de Flers prend le titre de marquis de Messé.

Mais ces actes dans lesquels un tabellion n'enregistrait que l'orgueil d'un seigneur n'ont pas de signification, et d'ailleurs ils donnent le titre de marquis de Messé au comte de Flers, quand le fils prend le titre de marquis de Flers. Il faut cependant reconnaître que ce titre ne peut appartenir à tout le monde, et si je vois dans ces actes le père de famille prendre le titre de comte de Flers, marquis de Messé, je ne vois plus qui sera marquis de Flers?

Je résume cette discussion pour faire ressortir le peu de valeur du système de notre adversaire et les contradictions qu'il renferme.

Si le titre de marquis que nous attaquons est un titre de courtoisie, il ne saurait être devenu héréditaire. S'il était héréditaire chez les Pellevé, il n'a pu passer aux la Motte-Ango, *de plein droit, par les femmes.* Si, contre toute évidence, il pouvait être tiré, au profit de ces derniers, d'un apanage quelconque, il aurait appartenu au chef de la famille et non au fils aîné.

L'usurpation de Pierre-François de Paule ne saurait, en aucune façon, être justifiée.

Mais le procès n'est pas là. Il est dans les termes stricts de ma demande. En droit, la question est jugée par le dernier arrêt de la Cour de cassation. Vous ne pouvez pas connaître de ces questions de titre, vous ne pouvez pas aller chercher la justification des prétentions de mon contradicteur, fussent-elles fondées, dans l'ordre d'idées dans lequel il se renferme.

Vous êtes en présence de ma demande, vous êtes compétents pour la juger, parce que j'ai subi un dommage qui résulte d'une confusion que je vous demande de faire cesser et qui a pour principe le port illégal du titre de marquis par notre adversaire en opposition avec celui qui nous appartient régulièrement.

Dans ce conflit dont nous voulons sortir, les voies amiables nous ayant été refusées, nous avons dû nous adresser à la justice du Tribunal; nous l'avons fait avec modération, avec réserve, et, permettez-nous de le dire en terminant, l'exemple que nous avons donné aurait dû être suivi!

Paris. Imp. PAUL DUPONT, 41, rue Jean-Jacques-Rousseau. (2097.6 2)

www.ingramcontent.com/pod-product-compliance
Ingram Content Group UK Ltd.
Pitfield, Milton Keynes, MK11 3LW, UK
UKHW020451230726
13925UKWH00005B/1867

9 782014 037623